CATALOGUE

D'ESTAMPES

ANCIENNES

ET

LITHOGRAPHIES

LIVRES SUR LES ARTS, CATALOGUES

DONT LA VENTE AURA LIEU

HOTEL DES COMMISSAIRES-PRISEURS

Rue Drouot, n° 5

SALLE N° 6, AU PREMIER

Le Mercredi 22 Mai 1861, à 1 heure.

Par le ministère de M° **DELBERGUE-CORMONT**, C°-Priseur,
rue de Provence, 8,

Assisté de M. **VIGNÈRES**, Marchand d'Estampes,
rue la Monnaie, 13, à l'entresol ; entrée rue Baillet,

Chez lequel se distribue le présent Catalogue.

PARIS — 1861

CONDITIONS DE LA VENTE.

Elle sera faite au comptant.

Les acquéreurs paieront, en sus des adjudications, applicables aux frais de la vente.

L'ordre du Catalogue sera suivi.

Les Lots ne formant pas suite complète, pourront être divisés.

M. VIGNÈRES, faisant la Vente, se charge des Commissions.

Nota. Toute commission sans prix fixé ou sans limite déterminée sera regardée comme nulle.

M. Vignères se charge de faire marquer les prix aux Catalogues des ventes qu'il a faites : les amateurs qui le désirent peuvent s'adresser à lui *franco*.

Plusieurs amateurs éloignés en ont reconnu l'utilité pour les guider dans leurs achats sur les valeurs des Estampes.

(Toute lettre non affranchie ne sera pas reçue.)

ESTAMPES ANCIENNES

1 **Anonymes**. Pyrame et Thisbé. — Nielle alle-
mand et autres. 4 p.

2 **Babel**. Cartouche formant fontaine. Belle pièce.

3 **Baptiste**. Vases de fleurs. 7 pièces et autres bou-
quets. 12 p.

4 — Grands vases et corbeille. 4 p.

5 **Baur** (W.) et Kussel, d'après lui. 30 p.

6 **Bega**. B. 10, 11 et 20. Paysan allumant sa pipe.
— Le Charlatan d'Ostade. 4 p.

7 **Bergmuller**. Enlèvement d'Europe.

8 **Binck** (J.). Les Trois Enfants et l'armure. B. 33.
— La Vignette aux deux Tritons. B. 45. 2 p.

9 **Boilly** (d'ap.). Honni soit qui mal y pense, par
Bonefoy. Ép. avant la lettre, toute marge.

10 **Bois** anciens. Histoire de Jésus-Christ, frises go-
thiques, de la Passion, etc. Environ 80 p.

11 **Boissière** (De la). Porte-Saint-Denis, à Paris.

12 **Bonnet**. Bazile et Laurette. — Bazile et Luzi.
2 p. gravées en couleur, d'après Aubry.

13 **Bouchardon**. Les Fêtes de Pales. — Luper-
cales. 2 p.

14 **Boucher** (d'ap.). Fontaines rocailles. 4 p., sanguine.

15 — L'Amour moissonneur, par Lépicié.

16 — Paysages, le Pasteur galant. 8 p.

17 **Bourdon** (Séb.). Fuites et Repos en Egypte.
4 p.

18 **Brebiette**. Frises, Bacchanales, sainte Cathe-
rine. 12 p.

19 **Bruyn** et autre. 7 p.

20 **Bry** (Th. de). Arabesque ovale, genre Stephanus.

21 **Cabel** (V. der). Paysages à l'eau-forte. 5 p.

22 **Camaïeux**. Les Sibylles. 3 p. Clairs-obscurs de
deux planches.

23 — Vierge et Jésus. — Deux Nymphes faisant dan-
ser l'Amour, de Morelse. 2 p.

24 — Christ en croix, Mercure attachant Prométhée
sur le Caucase, et autres. 5 p.

25 **Campion de Tersan**. Les Petits Pâtés. 9 p.
Cab. Robert-Duménil.

26 **Carpioni**. L'Eau, le Feu, la Terre, Sainte Famille, saint Antoine de Padoue. 5 p.

27 **Castiglione**. Têtes et satyre. 4 p.

28 **Chardin** (d'ap.). La Mère laborieuse.

29 **Cochin**. Décoration de la salle de spectacle d'ap.
Slotdz, toute marge.

30 — Le Bal paré pour le mariage du Dauphin, en
1745. Toute marge.

31 — Pompe funèbre de Marie-Thérèse, Dauphine,
à Saint-Denis, en 1746, d'ap. Slodtz.

32 **Dado,** dit le Maître au Dé, les Noces de Psyché,
d'ap. Raphaël. B. 38. Col. Waldeck, restaurée.

33 — Les deux Gladiateurs. B. 77. Collée, marge.

34 **Daret,** etc. Vierges, Études. 6 p.

35 **De Frey**. Jacob bénissant Ésaü. Avant la lettre, et
autres. 5 p.

36 **Demarcenay**. Régulus, avant la lettre. —
Vieillard à la toque. — Combat de cavalerie. 3 p.

37 **Demarteau**, etc. 3 p., sanguine.

38 **Dujardin**, etc. 4 sujets animaux.

39 **Dunker**, 1780 (d'ap.). Vignettes et culs-de-lampes, eaux-fortes et bois pour les poésies de Haller, etc. 80 p., rares.

40 **Dusart** (C.). Le Chirurgien.

41 **Echard**. Ruines et paysages. 6 p.

42 **École allemande**. Altdorfer. Résurrection. Bois. B. 47. — S. Beham, etc. 5 p.

43 **École de Fontainebleau**. Repas d'hommes et de femmes servis par des serviteurs (dit le Festin d'Alexandre), par Dom. del Barbiere. B. 6.

44 — La Piété filiale. R. D 17, de Réné Boivin, avant l'adresse de Quesnel.

45 — Le Satyre et la Nymphe. R. Boivin. R. D. 70.

46 — Un Drageoir, très-riche d'ornement. R. Boivin.

47 — Le cheval de Troye. Bonasoue, Losi.

48 — Les Figures des Dieux dans des niches, par Caraglio. 11 p. — Travaux d'Hercule. 2 p. — 13 p.

49 — Le Sacrifice de l'empereur Marc-Antoine. Léon Davent. B. 14, avant Lafreri.

50 — La statue de Priape dans un jardin que l'on cultive. B. 43. L. Davent.

51 — Psychée puisant de l'eau dans la fontaine des Dragons. B. 46. L. Davent.

52 — Diane et ses nymphes poursuivant un cerf dans l'eau. B. 49. L. Davent.

53 — Jupiter faisant la pluie. B. 54. L. Davent.

54 — Paysages de Léon Davent. 7 p.

55 — Les Vertus théologales, par Ant. Garnier. 4 p. Col. R. Duménil.

56 — Les Plafonds du Primatice, en hauteur. B. 36 à 39. — 4 p., par Ghisi.

57 — Vénus blessée par les épines d'un rosier. B. 40. — Angélique et Médor (62). — Orion portant Diane (43). — 3 p., par Ghisi.

58 — Plafonds ovales, Vénus. B. 49. — Apollon. B. 50. — 2 p.

59 — Apollon sur le Parnasse. Copie A. B. 58. — La Calomnie (64). — 2 p., d'ap. Lucas Penni.

60 — Histoire d'Ulysse, d'ap. Primatice, par Th. Van Thulden. 49 p.

61 — La Forge de Vulcain. — L'Enlèvement d'Hipodamie. — 2 p. d'E. Vico.

62 — Métamorphoses. 4 p. en bois avec encadrements.

63 — Femme au milien d'un cartouche. Sup. ép. Pièce ronde.

64 — Le Christ ressuscité tenant sa croix, dans une niche. Cab. R. Duménil.

65 — Hercule s'habillant en femme pour plaire à Omphale, d'ap. Primatice.

66 — Jeune homme buvant l'eau d'un seau qu'une femme lui présente. B. XVI, p. 407-81,

67 — Pâris blessé par Pyrrhus.

68 — Massacre d'hommes, incendie au fond, d'ap. Lucas Penni, par Ph. Galle.

69 — Sujet romain, avant l'adresse.

70 — Toilette de Vénus. B. 399-60.

71 — Pièces de l'école par divers maîtres. 16 p. Seront divisées.

72 **Everdingen**. La Roue sous le toit mobile. B. 77.

73 **Favannes** (J. de). Charges sur les élèves de l'Ecole de Rome. 5 p. à l'eau-forte, très-rares.

74 **Ferdinand**. Études de figures, d'ap. Ribera. 24 p., très-belles. Col. R. Duménil.

75 — Pièces diverses. 11 p.

76 **Franco**. Le Christ mis au tombeau,

77 **Garville** (Mme de), amateur, dessinait et gravait à Paris en 1761. Tête d'enfant de face. (Non décrit.)

78 **Gellée** (Claude-Lorrain). Le Port de mer au fanal. R. D. 11.

79 **Genoels**. Paysages. B. 3, 45, 57, etc. 4 p.

80 **Gheyer**. Les Pèlerins.

81 **Ghisi** (Diana). Sacrifice à Jupiter. B. 46.

82 **Ghisi** (Georges). Marius et Minturne, Vénus et Vulcain, Vulcain forgeant, les Prisonniers, David et Goliath, Tarquin et Lucrèce, le perfide Sinon, le Rêve, etc. 12 p.

83 **Gillot**. Vie de Jésus-Christ. 53 p.

84 — L'Éducation. — Le Mariage, etc. 4 p.

85 **Grimaldi**, dit Bolognèse. 3 paysages ronds.

86 **Guerchin** (d'ap.). Fac-simile. 4 p.

87 **Haeften** (Van). Jean, il est bien doux, etc. Chez Martel, rue Saint-Jacques, à

88 **Hagedorn**. Groupes de têtes. 3 p. à l'eau-forte.

89 **Heimlich**. Paysages à l'eau-forte. 3 p.

90 **Isabey** (d'ap.). La Famille dans un bateau. Sup. ép. avant la lettre, gravée par Aubertin.

91 **Jacquart**. Histoire d'Adonis. 3 petites p. ovales.

92 **Jeaurat** (d'ap.). Le Fiacre, par Duflos, 1750.

93 **La Bella** (de). Montjoie, Saint-Denis, roi d'armes de France, sujets militaires et paysages. 7 p.

94 **Laer**. Le Paysage. B. 18.

95 **La Fargue**, *del et fec*. (P.-C.). *Hé, mon p'tit frèr' Janot, si mon père m'appelle. dis que j'vas travailler*. Jardinière, M^mc Favart? Petite pièce, très-rare.

96 **Lancret** (d'ap.). La Belle Grecque, le Turc amoureux. 2 p. par Schmit.

97 **Le Bas**. Vignettes et griffonnements, et d'ap. Teniers. 8 p.

98 **Le Clerc**. Petites Conquestes. 14 p.

99 **Légaré** (Gilles). Ornement de bijouterie. — Sifflet de Collaert. — 2 p.

100 **Le Maire**. Histoire de Pàris. 7 p., très-rares.

101 **Lepautre**. Vases, panneaux, arabesques, cheminées, portes, plafonds, intérieurs, monuments funéraires, etc 52 p.

102 — Paysages avec cadres, sujets de livres, historiques et autres. 93 p.

103 — Monuments, frises, etc. 62 p.

104 **Loli** (L.) Sujets et Bacchanales d'enfants. 4 p., d'ap. Sirani.

105 **Loutherbourg**. Mois, soldats, etc. 7 p.

106 **Marot** (Jean). Vases de cheminée et monuments d'architecture. 9 p.

107 **Millet** (d'ap.). Paysages. 3 p., avant les adresses.

108 **Muller** (Fréd.). Repos du voyageur, 1768. Eauforte.

109 **Parizeau**. Allégories, Amours. 12 p.

110 **Perelle**. Marines. 12 p.

111 **Perignon**. Paysages. 6 p.

112 **Petit-Bernard**. Figures pour le Vieux et Nouveau Testament, en bois, 1680. — 84 feuillets, 168 sujets au verso et au recto.

113 **Picart** (Et.). Sainte Cécile, d'ap. Dominiquin.

114 **Rabel**, Histoire de Sylvie. 2 p., rares.

115 **Raimondi** (Marc-Antoine). La Justice. — La Tempérance. 2 p. Col. Waldeck.

116 **Ravenne** (M. de). La Force. B. 395. Col. Waldeck, restaurée.

117 **Rembrandt**. Adoration des bergers. B. 45.

118 — Sainte-Famille. B. 63, avant les retouches dans les taches.

119 — Le Denier de César. Cl. 72.

120 — Académie d'homme; saint Jérôme. 2 p.

121 **Ribera**. Le Christ mort. B. 1. Rognée.

122 **S. H.** (Monogramme). Le Hallebardier et la Dame. — L'Aigle, ornement de Birkenhultz. 2 p.

123 **Schut** (Corn.). Eaux-fortes. 4 p.

124 **Stephanus** (Étienne de Laulne). Triomphes, Combats et Chasses. 13 frises.

125 — Le Serpent d'airain, d'ap. Jean Cousin; pièce capitale du maître.

126 — Les Grands Mois. 4 p. — Les Petits Mois. 13 p. En tout, 17 p.

127 — Les Planètes. 7 p. — Loth et ses filles. — Les Parties du monde. — Figures et allégories. En tout, 36 p.

128 — Ancien Testament, 10. — Genèse, 19. — Histoire de Diane et Apollon, 6. — Emblèmes, 11. — En tout, 48 p.

129 — Arabesques, Vénus, Mars, les Vertus, etc. 22 p.

130 — La Naissance de saint Jean, d'ap. J. Romain.

131 **Storer** (Christophe). Bacchanale au Silène sur un tigre. 1ʳᵉ ép. avant l'adresse de Mariette. Rare, avec marge.

132 **Testa.** Les Trois Vertus et le Griffon. B. 30. Pièce rare.

133 **Tiepolo.** Fantaisies. 11 p., eaux-fortes, marge.

134 **Trautmann.** Résurrection du Lazare (Nagler 1). Pièce rare.

135 **Vael** (Jean de). Le Jeu, la Dispute, le Chirurgien. 3 p. — L'Enfant prodigue. 3 p. — 6 p.

136 **Van der Burch.** *inv. et fecit.* Paysage, eauforte. Marge.

137 **Vanloo** (d'ap. C.). Charges dessinées à Rome et gravées par Le Bas. 10 p.

138 **Vauquier.** Ornements, Fleurs. 5 p.

139 **Vénitien** (Aug.). Aiguière. B. XIV, 549. — Saint-Luc, d'ap. J. Romain, 92. — Hercule enfant. B. 315. — Les Squelettes, d'ap. B. Bandinelli. — 4 p.

140 **Vernet** (d'ap. Joseph). Ports de France : Toulon, Marseille, Madrague, Antibes, Cette, Bayonne, Rochefort, La Rochelle, Dieppe, Havre, la Pêche du thon, et Marseille, avant la lettre, Naufrage. 16 p.

141 **Vicentinus** (Christophorus ab aqua) prima Tabula Riveriana. Grande allégorie.

142 **Voyez** le jeune. Tableau magique, d'ap. Touzé.

143 **Watteau** (d'ap.). Chinois, arabesque et autres. 13 p.

144 **Waterlo.** Paysages à l'eau-forte. 11 p.

145 **Weirotter**. Paysages. 21 p., eaux-fortes.
146 **Willman** (Michel). Miracle d'une décapitation.
Eau-forte.

ESTAMPES MODERNES

LITHOGRAPHIES

147 **Bellanger**. Costumes militaires, sujets et ba-
tailles. 38 p.
148 **Boilly**. Le Singe mendiant, la Laitière, la Guin-
guette, etc. 4 p.
149 **Bonnington**. Titre, architecture du moyen âge.
— Bergues, Tour du marché. — Édimbourg. —
3 p.
150 **Brascassat**. Études d'animaux, lithog. 4 p.
151 **Charlet**. Son OEuvre, composée de 156 p., plusieurs rares; la Boule de neige, avant la lettre;
J'obtiens de l'activité; la Manie des armes; costumes militaires, etc.
152 **Decamps**. Les deux Chiens. Eau-forte.
153 — L'Escalade, Croquis, Chasses, etc. 6 p. lithog.
154 — (d'ap.), par Laroche, Marvy, Masson. 3 p.
155 **Delacroix** (Eug.). Lion de l'Atlas. Lithog. Très-
belle ép.

156 **Desnoyers**. L'Espérance soutient le malheureux
jusqu'au tombeau.

157 **Dupré** (Jules). Le Berger. 1er état, eau-forte.

158 **École anglaise**. Harding, Prout, Westall, etc.
26 p. par et d'après.

159 **Gavarni**. OEuvres choisies, Enfants terribles,
Lorettes, Actrices, Fourberies de femmes, Clichy,
Paris le soir, Hommes et Femmes de plume, En
carnaval, Drames bourgeois, Bohêmes, les Étu-
diants, etc. 237 p. en bois, avec titres et texte,
broché.

160 **Géricault**. L'Ane rétif. — Le Cheval en prome-
nade. — 2 p., lithog. à la plume sur carton litho-
graphique, faites à Londres. Rares.

161 — Lara, cheval arabe, espagnol et autres, par et
d'après lui. 26 p.

162 — Marche dans le désert. — Passage du Mont-
Saint-Bernard. 4 p.

163 **Gigoux**. Portraits et sujets lithog., 7 p.

164 **Grandville**. Charges, d'ap. Dantan. 4 p.

165 **Gros**. Arabe du désert et autre. 2 p., lithog.

166 **Gudin**. Marines, et par Isabey (Eug.). 9 p.

167 **Guérin**. Le Repos du monde. — Qui trop em-
brasse mal étreint. 2 p.

168 **Ingres**. Odalisque, 1825. Lithog.

169 **Jacques** (Charles). Eaux fortes et bois. 11 p.

170 **Johannot** (les). Eaux-fortes et lithog. 6 p.

171 **Lami** (Eugène). Le Vampire, Parisina, Voitures, etc., par et d'après lui. 16 p.

172 — Tribulations des gens à équipages. — Les Voitures des quartiers de Paris, 12 p.

173 **Leblanc**. Costumes orientaux. 8 p.

174 **Léon Noël**. Portraits et sujets. 6 p.

175 **Léopold Robert**. L'Improvisateur, Brigand, etc. 3 p.

176 **Loeillot**. Voitures, L'Ambulance égarée. 7 p.

177 **Marvy**. Paysages, eaux-fortes, d'ap. Tournemine, etc. 11 p.

178 **Mouilleron**. Titres de musique, etc. 6 p.

179 **Pennautier**. Paysages. 12 p. à l'eau-forte.

180 **Raffet**. Bailly au serment du Jeu de Paume. — Mirabeau aux envoyés du roi. — Massacres. — Trois eaux-fortes, épreuves sur Chine. Rares.

181 **Raffet**. Costumes militaires. 12 p. lithog.

182 — Histoire de Jean-Jean. 15 p.

183 — Voitures. 11 p. noir et couleur.

184 — Macédoines, sujets divers. 30 p.

185 — Vignettes gravées d'ap. lui. 18 p.

186 **Rethel**. La Danse de mort, 1848. 6 p.

187 **Roqueplan**. Titres de romances et autres. 7 p.

188 **Scheffer** (les). Sujets de mœurs, etc. 10 p.

189 **Steube**. Le Chapeau de Napoléon Ier vu sous huit positions différentes. Rare.

190 **Valerio**, 1835. Albanais, Hongrois, etc. 3 p. Costumes à l'eau-forte.

191 **Vernet** (Carle). Marché aux chevaux, Chiens, Cheval arabe, etc., Costumes militaires français et étrangers. 31 p., par et d'après.

192 **Vernet** (Horace). La Religieuse, Route de Naples, Scène à Barcelone, Moine, Marine, Braconnier, Pêcheur napolitain, Fiancée d'Abydos, les Maréchaux Gérard et Ney à Kowno, Malle-poste, Stage-Coach, etc. 22 p.

193 — Perlet. — Mme Perregaux, en pied. 2 p. rares.

194 **Caricatures** anciennes et modernes. 20 p.

195 — par Cham. 33 p.

196 — par Daumier. 35 p.

197 — par Gavarni. 23 p.

198 — par divers. 82 p.

199 **Costumes**. Travestissements de Gatine. 16 p. coloriées.

200 — de Hambourg, des Pyrénées, etc. 23 p. coloriées.

201 — de théâtres, modes, etc. 22 p. noir et couleur.

202 — Militaires et sujets, fragments. 30 p.

203 — par Levilly et Tresca. 2 p.

204 **Eaux-fortes modernes**. Andrieux, Boissieu, Flameng, etc. 16 p.

205 **Lithographies**, Devéria, Monnier et autres. 34 p.

206 — Paysages et sujets divers. 55 p.

207 **Ornements**. Bois anciens et modernes, Culs-de-lampes et fins de pages xviiie siècle, et autres. 87 p.

208 — Lettres alphabétiques, Bois, Dessins, et au burin, Armoiries noir et couleur, etc. Album de 417 p.

209 — Marques d'imprimeur, titres, bois, etc. 24 p.

210 — Fleurons, têtes et fins de pages en bois. 415 p.

211 — Bordures, architecture, ornements divers, Berain, Pineau, etc. Environ 36 p.

212 **Photographies**. Vues et monuments, cathédrales, Orléans, Strasbourg, etc. 40 p.

213 **Portraits**. Divers personnages. Environ 100 p.
Sera divisé.

214 — d'artistes, par Ficquet et autres. 17 p.

215 — Le Prince de Conti, profil, mine de plomb.
Charmant dessin. Cabinet O. C. D.

216 — Ronsard. Petit bois, très-rare.

217 **Pièces historiques** depuis Louis XV jusqu'à
Napoléon. 90 p.

218 **Théâtre anglais**. Scènes et Costumes, 1777.
55 p. rares et curieuses.

219 **Vignettes,** d'ap. Eisen, Gravelot et autres. **73 p.**

220 — Bois moderne. Plus de **80 p.**

221 Eaux-fortes, diverses écoles. **22 p.**

222 Écoles allemande et flamande. 30 p.

223 École française. 70 p. diverses.

224 École italiennne, diverses. **32 p.**

225 Paysages divers. 40 p.

226 Découpures de journaux, bois. Fort lot.

227 Dessins divers. Un fort lot.

LIVRES

228 Statistique des beaux-arts, par Guyot de Fere. —
Description des monuments de sculpture au musée
des Monuments français, 6e édition, et autres,
6 vol. Mémoires secrets de Bachaumont, 11, 13,
19. En tout, **9 volumes.**

229 Essais sur les beaux-arts, Salon 1817, fig.— L'Ombre de Diderot et le Bossu du Marais, Salon 1819.— Salon 1827, par Jal, fig. — Salon 1831, par Jal. — Diogène au Salon 1846. — Salon de 1850-51, par A. de la Fizelière, etc. —7 vol.

230 Catalogue des Expositions de peinture au Musée depuis l'an IX jusqu'à 1857. — 30 vol.

231 Catalogue des objets conquis par la grande armée en 1806 et 1807. — Galerie du Musée-Royal, 1816. Musée-Royal, 1834-1837. — Galerie espagnole. — Dessins, Musée d'artillerie, etc. 8 vol.

232 — Catalogues de ventes, J. Laffite.— Duchesse de Berry. — Baron Gérard. — Montcalm. — Alphonse Giroux. — Maréchal Soult. — Baron P... — M. F. V. mai 1859. — 8, avec prix. — Huard. — Debruge-Duménil. — Comte Thibaudeau, dessins. — Gilbert, etc., 18. En tout, 26 brochures.

Renou et Maulde, impr. de la Compagnie des Commissaires-Priseurs, rue de Rivoli, 144.   1984